JN410328

만인시인선 · 65

詩야, 미안하다

송광순 시집

詩야, 미안하다

만인사

자서

삶이 힘들어도 숨쉬고 살아가듯 그냥 쓴다. 목마르면 물 마시듯 그냥 쓴다. 발가벗고 거울 앞에 서면 부끄럽지만 그냥 쓴다. 시 앞에 서서 쑥스럽고 힘들지 않은 사람 어디 있으랴. 그냥 쓴다. 그냥 쓰는 듯 가슴 뜯어가며 피를 토하며 쓴다.

차 례

2

3

차 례

5

차 례

1

詩야, 미안하다

몸과 시간을 움켜진 채
머리 속 온통 차가운 논문으로 채우고 있었을 때
쓸쓸한 언어들은 어디를 떠돌고 있었을까.

지금
책상 한 구석에서
외로움에 바람처럼 떨고 있었구나.

먼발치에서 얇은 눈짓과 생각만으로
널 사랑하였다 말하긴 계면쩍다.

詩야, 미안하다.
늦었지만
술 한 잔하자.
내가 살게.

시

바다(Sea)를 바라보니(See)
시(Poem)가 다가오네.

시는 바다를 바라보는 거다.
아니, 바다 저 너머를 보는 거다.

설익은 시 한 편
수평선 저 너머로 띄우니
바람편에
답시 한 편 전해온다.

시는
희망이고, 외롭지 않은
살아 숨쉬는 생명이라고.

詩건방진

모든 날은

수술하는 날
외래진료하는 날
공휴일

언제부터
내 인생이 세 가지 날만 있게 되었는지
이럴 바엔 두 가지로 줄여주세요.

詩가 되는 날
안 되는 날

아직도 詩건방진 인생.

시를 읽다

생각들이 떠다닌다.
온갖 이미지들이 헤엄친다.
갓 태어난 생각들도 있고
이상한 모양의 느낌도 떠다니고 있다.

어디선가 본 듯한,
지울 수 없는 불길함
아, 이 게으른 아비가 거두지 못한
버림받은 불쌍한 이미지들
죽은 것들이라 내가 버린 생각들도
어항 속에서 보란 듯 헤엄치고 있다.

비늘 모양이 달라도
시인들이 키워 내보낸
같은 종의 변색 물고기들.

시, 고백합니다

내삶의거처가원초적으로미천하였습니다습하고빛한줄기없고공기한순가락퍼넣기힘드는곳이었습니다벽두껍고높고굳은내처소에서어설픈사고와무지로언어를못살게마구학대한죄를고백합니다시인이피해야하는냄새나는관념과마른명태처럼생명다한교훈과군화소리같은운율을허락도없이막무가내로시에억지스럽게구겨넣은죄고백합니다애시당초제대로배운것없어소화할것도없음에도하혈하듯그냥내뱉은것들을시라고우겨죄송합니다보수적관념과몇가지의편안함과교만과권위로도배된이집에줄곧살아온내가무슨할이야기가있겠습니까벽돌사이에새어나오는마른빛한줄기바람한모금이세상자연의모든것인줄아는소인이세상과인생을이야기하려한것이넌센스임을고백합니다설익고값싼감성과사사로운철학과인생관을허락도없이시에게버무려놓은죄시에게언어에게참시인들에게사과드립니다

나비 같이 얇은

꽃들도 가끔 때늦은 꽃 피우듯
늙어가는 새벽 잠결에
문득 피어오르는 이미지 몇 토막
안은 채 잠을 깬다.

젊어서는 보이지 않던 길,
이젠 잠시 꿈 속에 보이기도 하다 곧 사라지는
그래서 더욱 안달하는 아침.
순식간에 사라질 안개 같아
우선 몇 단어 급히 적어둔다.
확실한 감금이다.

안심하고
새벽부터 일상의 전투 끝내고,
그리고 저녁
아침의 단어를 다시 꺼내니
이미 모두 상했다.

낯선 암호로 변해 조각조각 나 있다.
죽은 뇌세포들의 썩는 냄새에
코 끝이 쌔하다.

훨, 훨, 다 날아가버린
영원히 다시 오지 않을
노랑나비들

참 어설픈 채집망이다.

머리가 변비에 걸렸네

선천성 언어 소화효소 결핍증 환자라
우리말도 제대로 소화시키지 못하면서
거구의 외국인과 몸싸움에 지기 싫어
영어를 먹고, 영어로 내뱉고
니글거리는 식사
체질에 맞지 않는 단어들
억지로 꾸역꾸역 쑤셔 넣었더니
머리가 변비에 걸렸다.

생각이 변비에 걸려
머리 속엔 항상 피묻은 균열.
처절한 난타전이다.
머리 속은 흉터투성이.

오히려 설사가 편하겠다.
변비약 먹듯
우리말을 다시 먹는다.

환승

어느 학회 기념식에서
예정에 없던 5분 스피치를 요청받았다.
이런, 이런 착륙 5분 전인데
동승한 승객 몇 남지 않았다.

어느새, 저 아래 보이는 활주로
모든 게 다시 아득하다.
잊어버린 언어들,
휑하니 빈 머리
손짓 발짓에 손발이 고생하겠다.

입국 수속하려다가
급히 환승 티켓을 구했다.
이제 다시 출국이다.
미국도 유럽도 아닌 詩國으로,

새로 낯설다.

道伴 · 1

따르릉.

수술하다 잘 안 되거든
바로 전화해라
내가 한 수 가르쳐 줄게.

(전화할 일 없네요.)

송 목수, 니 참 마이 컸다
혼자 수술도 다하고.
장~타
다 컸네.

(지금 뭐라카노?)

딸깍

道件 · 2

어
교수가 욕한다
어
목수가 욕한다.

어
니 다 컸네
욕할 줄도 아는 것 보니.

이렇게
확 끌어안는데
왈칵 끌어안는데

울컥, 속울음에
눈가가 붉어진다.

같이 죽어가 주는 사람이 옆에 있었네.

탑의 속울음

설날
세배한 머리 채 들기도 전에
전화 속에서 탑은 무너지고,
인간의 목소리만 겨우 살아있네.

천원짜리 농담과 웃음 나눈 날에도
늦은 밤 불쑥, 웃은 것이 죄스러워
탑은 아무래도
밤새워 숨죽여 가며 울었을 수도 있겠네.

탑은 이 세상 가장 큰 무덤이 되고 있겠구나.
새끼 탑 하나 천 근 만 근 무거운 천명을
탑의 가슴에 걸어놓고 떠나니
불쌍한 탑은 살아있는 게 우스워 웃겠네.
바람이 대신 탑을 안고 울겠네.

탑의 웃음이,
웃음이 아니었을 날을 생각하니

아니 웃음이 아닐 날을 생각하니
이젠, 내 슬픔들은 슬픔이라 할 수 없네.

웃고 있는 탑의 슬픔
그 깊이를 끝내 헤아릴 수 없네.

정류장의 詩

나의 시 한 편
아양교 시내버스 승강장에 서서
하루 종일 동촌 강물만 쳐다보고 마냥 서 있다고
박상옥 시인이 알려 주었다.

내 시가 왜 거기에서 서성이는지
나는 영문을 모른다.

방금 도착한 사람은 그냥 가던 길을 바로 가고
잠시 시선을 주던 사람은
차가 오면 에둘러 떠날 것이다.

버스 기다리는 사람들의 생각 사이에 잠시 머무르거나
때론 떠나는 사람의 머리 속에 몇 단어 묻어가긴 하지만
대부분 버려진 채 빈길 위에 뒹굴 거다.

늦은 귀갓길
힘없이 돌아오는 발길들 앞에 우두커니 기다리다

그냥 스쳐 가는 낙엽과
늦은 밤까지
술 취한 보도블록 위를 뒹굴 거다.

나는 그 정류장에 가 보지 않는다.

어설픈 목수

詩人의 역으로 가는 직행열차 대신
딴 역을 거쳐 돌아가는 마지막 기차를 탔다.
잠깐 들렀다 가도 늦지 않으리라는
치명적 유혹.

조금만, 조금만 하다가
고개 들어 차창을 보니
詩人의 역이 뒤로
떠나가고 있네.

잠시 잊었다 막차임을
급히 뛰어내리다 발목이 부러졌다.
목수의 시는 절름발이가 되었다.

중이 제 머리 못 깎는 줄도 모르는
진짜 바보 목수다.

신간 시집들

파도가 칠 때마다
저마다 밀려온 모래를 품고 있었구나.
가슴 속 가장 깊은 곳에

밀물 떠나고
석양이 지면
그제야 가슴 바닥 긁으며
뻑작뻑작 모래를 밀어낸다.

저마다
내장의 모양대로 뱉어낸다.
생모래도 보이고
가끔 진주도 보인다.

슬픔의 크기

슬픔의 크기가 얼마나 될지
무엇으로 가늠할까?

운명이란 칼로
스스로 자신의 생을 잘라낼 때,
살아보지 못할 생이 슬픔의 크기였을 거다.

시를 읊다가
술로 자신의 생을 잘라버린
한 사람, 김업교
오늘 하루 만이라도
홀로 기린다.

환갑도 지난 지금
그의 슬픔의 깊이를
한 뼘 정도는 알 것 같다.

밤 늦게 그를 떠올리며

내 생의 천박함과 비굴함에
몇 넌치 시를
확 불질러 버리고 싶다.

시의 간격

나태주 시인이 썼다

자세히 보아야 예쁘다
오래 보아야 사랑스럽다
너도 그렇다
고

내가 썼다

자세히 보니 못났다
오래 보니 더 밉다
내가 그렇다
고

2

매화꽃은 내 입술에 피고

섬진강 청매화 보러 갔다가
차마 떠나지 못한 겨울 자락 만나
밤새 쌍산재 경암당 바람 소리에 떨고
황급히 돌아온 지 수일 지나
그제서야 섬진강 꽃봉오리 쓰려온다.

올 봄에도
내 입술 자락엔 맑은 水泡꽃 피었다.
청매실 마을 매화와 산동면 산수유가
내 입술에 먼저 폈다
물집 가라앉고 사흘 만에
섬진강 꽃들 다 졌다.

매년 봄이 되면
제일 먼저 내 입술에 꽃이 핀다.

섬진강

강이 이럴까봐
내 눈으로 스며들어 가슴을 찌를까봐
해질녘 섬진강에 오기를 두려워했다.

가라앉혀
흐르지 못하게 할 수 없기에
차마 마주서기 두려웠다.

보지 않으려 머리를 돌리면
강은
더욱 무거운 빛으로
가슴을 두드리고

어무이의 눈동자 같은
검푸른 그리움

바다 건너

처음 그때
나에겐
대문 밖으로
슬그머니 발을 내밀어보는.
그리고
고개를 내밀고 빼꼼이 내다보는
호기심과 설렘이
두려움과 귀찮음을 설득하였던

열 발자국 못 가 다시 뒤돌아보는

멀리서 집을 바라 볼 수 있는
그리고
자주 집이 갑갑해지는 것.

밤바다

한 해의 마지막 밤
물끄러미 쳐다보는 내 눈을 보고
파도가 말을 건다
처 얼 썩
'너 많이 아프구나.'

속으로 들이키는 한숨 소리 듣고
또 말을 건넨다
처 얼 썩
'그래, 오랫동안 아팠구나.'

금세 붉어지는 내 눈을 보고
속삭인다
처 얼 썩
'다 내뱉지 못한 말이 많았구나.'

가슴 속 검은 덩어리 하나.
끝내, 새벽 파도 위로 왈칵 쏟고나니

하얀 포말로 떠나며 다독인다
쏴 아 아
'그래, 그래 잘했어, 힘들면 또 와.'

그땐 그랬지

가슴이 머리보다 정직했던 시절
길의 끝을 알지 못했던 그땐
언제나 그랬듯이,
가슴이 가리키는 길을 걸었다.

한 줄기 바람이 길을 인도하던 시절,
그래서 그리도 아팠던 시절
바람 한 줄기에
가는 빗줄기에 붉은 석양에
보이는 모든 것을 슬퍼했다.

돌아갈 수 없을 날들이기에
다시는 슬퍼할 날이 없을까 봐
후회 없이 슬퍼했다.

낙동강 청둥오리

낙동강 언저리에 사는 털보 화가가 저녁 한 끼를 마련했다. 밤하늘 중간에 발가벗은 겨울달 하나 걸어놓고 얼큰한 국 한 사발 내민다. 화가는 오리가 잘 그려지지 않는 날은 청둥오리를 잡아다가 국사발이 화첩인 양 통째 넣어버린다고 했다. 수만 리 시베리아길, 무리를 이끌고 날아온 청둥오리가 낙동강 털보 화가 앞에서 어이가 없어 히죽 웃으며 죽는다고 했다. 성건 내 정수리 몰골이 국 속 청둥오리의 그것과 지문같이 일치한다. 꼭꼭 씹을수록 가슴이 아프고 후루룩 국물 삼킬수록 눈물이 섞인다. 황급히 씹다가 깨문 혀같이 내 살을 씹고 있다.

철학하는 걸인

봄베이 인도의 문 넓은 광장엔
인도에 거주하는 비둘기 모두 모여
첩첩이 고개 조아리고
모이 쪼는 듯 철학하고 있다.

해변 따라 긴 인도 위에 한 걸인,
바닥에 퍼질러 앉아 독서 삼매경
텅 빈 적선 보따리는 혼자 심심하다.

고개 들어 바라보는,
깊은 주름 속 눈빛 굵고 튼실하다.
적어도 백 년은 됨직한 무게,

눈빛으로 말한다.
쭈그러진 적선 보따리는
책 볼 장소를 확보하기 위한 도구라고

인도에선 비둘기들도

모이 먹는 척 고개 끄덕이며 철학하고 있다.

의학 한 수 가르쳐 달라기에 갔다가
철학 두 수 배웠다.
뒤통수가 가렵다.

인도를 품기엔 내가 턱없이 얇다.

청라언덕, 선교사 묘역

봄의 교향악이 울려 퍼지기도 전
청라언덕 위에 누운 지 백십 수년,
이제야 동네 사람들이
당신의 등을 돌려 세운다.

왜 여기 누워 계세요?
외롭지 않으신가요?
후회하지 않으신가요?

당신이 여기 누우셨듯
내가 아프리카 어느 지평선에
홀연히 누울 수 있을까?

소스라치게 작아지는 내 몸뚱이

나가르곳 가는 길

히말라야의 일출로 가는 좁은 길은, 아직 잠든 어둠과 천 길 낭떠러지 옆구리에 달랑달랑 걸린 채 안개 속에서 출렁인다. 무표정한 네팔 운전사는 이름 모를 신의 계시로, 고물 버스를 눅눅한 새벽어둠 속으로 마구잡이로 밀어 넣는다. 히말라야의 일출 만나는 일은 사타구니가 빠질 듯이 저려오는 공포를 담보한다. 깊은 계곡에 아침마다 차오르는 안개는, 불기 하나 없는 벽돌집에서 눈동자가 슬픈 이들이 밤새 내뿜은 입김들이다. 산 위로 아침의 첫 햇볕 한 줄기 들어오면, 하나 둘 옹기종기 벽돌문 앞에 서서 밤새 고인 추위를 널어 말린다. 검은 얼굴에 깊게 파인 눈, 그 속의 눈동자가 저리 희고 맑은 것은, 가슴 깊은 슬픔을 새벽의 눈물로 비워 버렸기 때문이다. 그 눈물들이 모여 히말라야를 가슴에 품은 푸른 호수가 되었다.

예던길

온통
쓰리고, 따가운 가슴으로
예던길 깊은 속 들어서는 당신에게
나는 아무 말할 수 없습니다.

이 가을에 떠나지 않겠다
당신은 약속하였지만
예던길로 향하는 당신의 등은
내겐 크나큰 슬픔입니다.

지난 꿈 속에서 당신이 울고 있었듯이
속절없이 눈물이 나던 그 날
가송리 예던길은
가시면 영영 오지 않을 것 같은
세상에서 가장
가을 깊은 길이었습니다.

노도

남해섬은
서쪽 옆구리에
새끼 섬 하나 데리고 산다.
그 작은 섬은
허리에 가는 황토색 띠를 두르고
그 끝은 천국의 문고리에 맞닿아
당기면 바로 하늘이 열린다.

쓰린 가슴으로 갔다가
잠시 통증이 가신 그 날
섬의 언저리 작은 흙집에서
깊은 잠들 때

섬 반대편 서포초당은
푸른 남해바다를 베고 누워
기분 좋게 잠들었다.

몽돌

얼만큼 서로 부대껴야 이만큼 공평해지는지, 얼만큼 서로 더 부대껴야 이처럼 거리낌이 없어지는지, 얼마나 씻기어야 허물들조차 이렇게 아름다운 빛깔이 되는지 인내의 얼굴은 이렇게 둥근가 보다. 인내의 색은 이리도 진하고 깊은가 보다. 결코 같지 않게 무게를 가늠할 수 없는 인내들이 거제 학동 해변 가득 채우고 있다.

3

무채색 광대

정해진 공연 시간 없이
관객이 원할 때면
언제나 칼춤 추는 자판기 광대.

한 줄기 차가운 조명이 켜지면
긴 침묵의 마른 공간 속에서
혼자 칼춤 추는 광대.

매번 다른 연극이지만
자신의 핏빛 영혼을
연기한 적이 없는 무채색 광대.

관객은 단 두 사람
환자와 보호자.

그냥 일인극 광대.

얼리 버드 · 1

새벽에
대문을 나선 첫 발걸음이 소리를 낸다.
탁
동시에 밖에서 참새가
짹

걸음을 옮길 때마다
제법 박자가 맞다
탁, 짹, 탁, 짹

창 밖의 참새가
박자 맞추어 병원으로 출근하고
나는 나무 위에서
출근하는 참새 바라보며
짹짹하고픈 아침.

짹, 탁, 짹, 탁.

얼리 버드·2

몇 시간씩 일찍 출근한지 수십 년째
갑자기 뜬금없는 생각.

언제까지?

어, 도무지 답이 없네.
그동안 욕심이 세월을 모두 먹어 치웠네.

내 새끼 170여 마리,
넓은 하늘로 날려보내고
절벽의 빈 둥지.
새끼들이 자주 그립다.

늦은 저녁에
하루살이가 웃는다.
아이고, 너나 나나
왜 그러니?

시, 혹은 수술

나지막이 달린
마른 나뭇잎 하나 따듯
癌도 쉽게 툭 따는 名醫여,
간단한 열상을 힘겹게 봉합하는 凡醫를
내려다 보지 마라.
쓰린 상처 핥아주기는 마찬가지.

누구도 쉽게 부르지 못하는 노래를
휘파람 불듯 신나게 부르는 큰 시인이여,
힘겹게 부서지는 파열음을 내는 시인을
애잔한 눈으로 보지 마라.
아픈 순간을 아프다고
사랑스러운 순간을 사랑스럽다고
노래하는 것은 마찬가지.

큰 시인이나 명의나
아픈 이유에 대해 조금 더 안다고 뽐내지 말 것.
목숨을 만들어내지 못하긴 마찬가지.

모든 아픔을 치료하려는 것은
스스로 태어나지 못한 우리의 삶에 대한 월권.

애당초 그건 우리의 몫이 아니다.

작은 약속

새벽 출근길
교수연구동 계단 위로
무심코 내딛는 발길.

그 아래
바쁘게 움직이는 까만 점 무리들.
하나같이 머리에 안테나 세우고
밤을 지나 새벽까지 종종걸음
아, 허리 가는 저들.

그동안 가늠하지 못했다.
무심한 나의 발길에 죽었을
새벽을 같이한 너희들의 귀한 노동.

약속하마
이젠 거북목이 되도록
아래만 보기로.

열려라 참깨

刀手界에 들어선 지 33년만에
동업자들이 다니는 길 위에
누구든 내 이름을 암호로 불러야
치료의 땅으로 들어갈 수 있는
작은 문 하나 만들었다.

이 문도 언젠간 철거되겠지만
가끔 내 살 꼬집어 본다.
진짜 아프다.

'열려라 송광순'
그 암호가 아직도 유효하다.

처음으로
아버지가 지어주신 이름값했다.

거미

매일 그물을 치고 정성스럽게 손질한다.
몸 속 가장 진한 것들 풀어내어
은밀하게 줄을 친다.
가로로 세로로, 위로 아래로
밤으로 낮으로
매일매일 조금씩

이젠 제법 그럴듯한 넓은 그물
자세히 들여다보니 휑하니 넓은
그물 속에 갇힌 것은 한 평생,
그물 한 구석 조차 떠나지 못한
거미 그 놈.

독거미놈,
바보 같은
나 같은

자화상

말간 얼굴에
향수 같은 단어를 뿌리며
어설픈 반어나 비유를 즐겨 쓰는
뭐 그저 그런.

아무거나 먹는 잡식성의
비겁한 내장을 가진
뭐 그저 그런.

걸친 옷이 깨끗하기에
속은 더욱 더럽고,
엉덩이 높아질수록 훤히 보이는
추잡한 아랫도리.

부패를 발효라 우기는
상한 홍어 같이 썩은
뭐 그저 그런.

기억의 끝

교수연구동 복도
화장실 입구 정수기 위에
참새 모양 커피포트 며칠째 짹짹 혼자 놀고 있다.
주인이 쓸데없는 걱정거리 가득 찬 머릿속을
통째로 좌변기에 버렸나 보다.

그 후로도 며칠째
참새는 주인을 기다리는 유기견처럼
꼼짝 않고 그 자리에 앉아 있다.
이젠 모두가 참새 주인을 걱정한다.
정년 퇴직도 하지 않은 나이에 벌써
모두들 오가며 볼일 보고 바지 끌어 올리며
각자의 기특한 기억력에 안도한다.

내 연구실 바닥에
홀로 누워 뒹구는 콘센트 하나
그 끝이 허전하다.

흙이 뿌리를 벌한다

뚝
꽃의 무게를 이기지 못하고
결국 꽃대가 꺾였다.

그간 아무런 징조를 보이지 않았지만
꽃조차 모르고 있는
병들고 볼품없는 뿌리를
흙은 속속들이 알고 있었다.

허접스런 뿌리를 가지고서
욕심으로 꽃을 키운 죄.

깊은 밤
흙이 중얼거렸다.
뿌리가 교만해.

흙이 뿌리를 벌하였다.

유방의 반란

유방의 세포가 미쳤다.
피비린내 나는 식탁이다.
자제할 수 없는 탐욕에
자기의 살과 식구까지 다 먹어 치우고
아직 입가에 피도 덜 마른 채
고개를 돌려 야반에
착한 옆동네 임파절을 차지하고
임파선의 수로를 장악하고
흐르는 강에 먹물 뿌리 듯
더러운 새끼 세포들 내질렀나 보다.

가슴과는 태생적 이질감으로 멀리 떨어져 있는
단단한 두 다리뼈까지 겁탈하다니
결국 먹다 먹다 그들이 먹어 치운 것은
자신을 떠받히고 있는 다리뼈.

사정없이 무너진 처참한 뼈 사진을 보면서
억제되지 않은 탐욕의 끝을 본다.

나의 탐욕 또한
암세포 못지 않기에,
비겁하게도
스스로 피해망상이라고 둘러댄다.

거울을 보니

나는 몇 개의 거울을 가지고 있다.

부모라는 거울 속에선
완벽하게 더없이 착한 놈이다.
하루 종일 나르시즘의 속살을 즐긴다.
착각 속에서 헤엄친다.

아내라는 거울 속에선
머릿속에 사랑이라는 게 들어 있었는지,
있기나 한지
자다가도 의심스러운 사기꾼 같은.

자식이란 거울 속에선
힐끗힐끗 형체가 흐린, 그 역할이 모호한
아침 세수 때, 거울에서 본 듯한 낯익은 그 무엇.

나라는 거울
먹을 것만 있으면 양지바른 구석에

나른하게 사타구니나 핥고 있는,
그냥 온순한 척하는 동물 하나.

거울들이 모두 정상 곡면이라면
나는 위험한 자생성 카멜레온이다.

조화

처음부터
필요 이상으로 화사했다
어제까지도 그럴 듯했다
살아 숨 쉬는 듯 대답했다

내가 너구나
말에 향기 없는
네가 나구나
말에 영혼이 없는

너도 나도
자신이 자신에게 속는
빛을 견디지 못하는
불쌍한 그 무엇들

4

한 생각

내 몸,
내 일상으로부터
한 발자국도 못 떠나고
생각 또한 내게 잡혀있는

나를 노예로 만든 건 나 자신
내가 나를 내 속에 가두니

내 생각이 나의 감옥이다.

소라껍질

늦은 햇살 힘겹게
수평선 뒤로 물러서는 시간.
어둠이 걸어오는 갯벌 위에
늙은 소라껍질 하나 뒤척인다.

속살 모두 퍼내주고
소금기 젖은 파도 소리 몇 소절 품었다.

파도는
먼 하늘 별빛 몇 개 불러놓고
했던 이야기 또 하고
했던 이야기 또 하고,

소라껍질
그 어두운 터널 속엔
밤새도록 늙은 파도의 신음 소리
끝도 없이 풀려 나온다

숨

숨 쉰다는 게
어디 만만하더냐.

온전히 숨 쉰다는 게
가당하기나 하더냐.

출생이란 원금에
하루 이자 갚기도 힘드는데

아침부터 저녁까지
그냥 허덕이는 것.

누추한 매일 앞에서
온전히 편한 숨쉬는 게
어디 쉽더냐.

천상에서 온 편지

아직 태어나지도 않은 손녀가
제 에미를 통해
한 통의 편지를 보내왔다.

"할아버지, 할머니 안녕하세요?
건강하게 쑥쑥 자라서
내년 2월에 뵐게요"

그토록 기약 없이 기다리게 하더니
벌써 온종일 머리 속 헤집고 다닌다.

생각 때마다 가슴으로
편지를 펼쳐 본다.

그래, 그래
넘어질라 다칠라
천천히 건강하게 오너라.
귀여운 기적아.

손녀가 이해 못할까
한 없이 평범해지는 단어.

드라이 플라워

처음 이사 오던 날
같이 이사 온 붉은 망개나무
오는 날부터 아랫도리 잘린 채
나무화분 속에 하체 담그고 있다.

주인의 눈이 늙어가고
기억이 희미해지는 만큼
너 또한 출생지 흙냄새를 잊어가지만
십수 년째 마른 사체가 된 채로
건조한 세월을 먹으면서
하루도 거르지 않고 대문 입구에서
든 사람과 한 집 가정사 지켜보고도
입 꽉 다물고 비밀 지키는 충직한 집사

경망스러운 주인보다 미덥다.
이젠 이 집을 너에게 맡긴다.

휴지

얇고 가녀린
하얀 휴지 한 장
쏟아진 물 위에 투척한다.

저 엄청난 포용력
제 몸의 몇 배나 되는 물을 끌어안는.
엄마의 여린 가슴같이

짜내고 몇 번 더 짜내
종이는 쪼그라들어 흐느적거려도
또다시 물을 품는다.

내 가슴
휴지 한 장 보다 작다.

흔적

수월찮은 세월
스스로 걸어왔다 생각했는데
돌아본 세월 위엔
그대의 여리고 작은 발자국만
깊이 새겨져 있을 뿐
내 발자국은 보이지 않네.

지난 발걸음이 수월했던 것은
그대의 피곤과 수고를 다리 삼아 건넜고
그대의 가는 허리에 업혀 넘어온
구비구비 긴 날들,

나는 무중력 유령처럼 떠다녔나 보다.

당신은 밤마다
온몸이 섭섭하여 관절마다
눈물이 차 있나 보다.

배다른 형제들

고삐 풀린 망아지가 끄는 수레
방랑 끝에 도착한 외길 낭떠러지
무직자의 천 근 같은 저녁 발걸음
늙은 의대 교수의 때늦은 후회.

이 대책 없는 것들
이것들도 끝은 있고
대책 있는 것들도 끝이 있다.

끝에 서서 뒤돌아다 보면
괴로움과 절망은
즐거움과 희망의 서로 배다른 형제.

분실

주인 허락도 없이
병든 기억력과 손잡고
카메라 삼각대가 가출했다.
기억이 잠시 한눈파는 사이
강제로 납치된 게 확실하다.

기억의 불확실성은
고리채 조폭 같은 우울증에게
결국 문을 열어 주었다.

세월의 한파에
지붕까지 날아가 버린
텅 빈 내 머릿속
쓸모없는 기억의 잔해들

의심증이 기억의 자리에
종일 머문다.

파리 세느강가에서

삶의 바닥이 누추해도
함께여야 한다.

서로 마주하지 못하더라도
시선이라도
한 곳으로 모을 수 있다면
흐르는 강 한 줄기에도
행복하다.

이쯤에서
증오와 미움은
등 뒤로 자리를 옮긴다.

서로의 눈빛 없이는
사랑조차 외롭다.

비빔밥 한 그릇

하얀 삶 위에
희, 노, 애, 락, 애, 오, 욕
원하는 고명 얹어
내 손으로 쓱쓱 비벼
한 입 그득 넣어 한꺼번에 음미하고
하나 하나, 따로 따로 음미하고

때깔 좋다고
다 맛있는 것도 아니고
투박해 보인다고
맛없는 것도 아니고
내 입에 맞으면
살맛 나는 인생
내 입에 안맞으면
죽을 맛의 인생

숟가락 놓으며
"아따, 한 그릇 잘 묵었네"

"잘 살은 기제"
"엄청 좋은 기제"

인생,
그냥 비빔밥 한 그릇.

달팽이의 길

뒤돌아 보니

아득하고
긴 흐름 하나

작고 둔한
두 더듬이
세우고

발도 없는
배밀이로
만든
저
아
득
하
고
적

요
한
굽
은
점
액
질
의
긴
흔
적

뚝.
끊어졌다

사진 전시회

늦은 가을
기억들이 하나 둘
나를 떠날 때
손짓으로 너를 부르마
조용히 내게 다가오라.

내 가슴이 부르는 대로 다가와 주었고
바람이 부는대로 흔들흔들 흥겨웠고
빛이 보여주는 대로 아름다웠던
너는 나의 살가운 누이가 되어다오.

빛과 그림자로
너의 가슴에 쌓아둔 내 이야기들
언제나 고향으로 돌아갈 수 있는 무임승차권.
먼 훗날,
돌아가는 발걸음이 서럽지 않게

내게 속삭여 다오.

너의 삶은 고달팠지만
이만큼이나 아름다웠다고.

증오는 자주 슬픔으로 변한다

한 칸 너머
작은 방에서
아내는
바다 보다 깊고 적막한
분노와 배신의 늪에서
고통스런 잠을 청하고 있다.

방문 앞에서
숨죽여 삼키는 내 울음은
검은 새벽의 한가운데서
끝내 잠들지 않는
아내의 증오와 마주한다.
이미 아내의 증오가 슬픔으로
옷을 갈아입었다.

낯선 시선

서울시청 지하철역에 서서 두 겹의 스크린도어와 철길을 가로질러 처음 만난 시선들끼리 서로 부딪힌다. 빤히 마주 보지만 반대로 떠날 것이기에 서로 부담 없다. 전혀 애닯지 않다. 너와 나 모두 이런 공기에 익숙하다. 무의미의 건조함과 가벼움이 오히려 경쾌하기까지 하다. 전동차가 지나가며 만든 바람에 초점 없는 시선의 무의미는 다시 확인되고 건너편 플렛폼은 이미 비었다. 이별이 전혀 애닯지 않는 것이 애달프다.

체포합니다, 당신을

당신을 체포합니다.
당신은 묵비권을 행사할 필요가 없고
변호사를 선임할 이유가 없습니다.

당신을 체포합니다.
밤새 그대 생각으로 만든
수갑으로.

5

화전리 산수유

노란색으로
온몸이 칭칭 감겨
고문 당하는
봄마을

꽃향기에
숨 막히는 마을
눈이 머는 마을

아!
산수유
노란 마취약.

봄, 봄

어
어
어
벌써 떠났네.

겨우내 할 이야기 많아
잠시 기다리라 했는데
꽃잎 몇 장 뿌리고
봄비 몇 방울 남기고 가버렸네.

얼굴 한번 제대로 보지 못하고
말 한 마디 건네지 못하고 보내버린
절정의 계절

몇 장 남지 않은 봄이라는 지폐
텅 비어가는 인생이라는 지갑.

상사화

한 이불 속에서
사랑을 나누지 않았다고
사랑이 없었다 마라.

잎이 먼저 떠나며
네 눈 속으로 밀어 넣은
붉은 애잔함만으로도
너는 꽃이 되지 않았나.

선운사 뜰에
그 답들
붉게 흐드러져 있다.

벚꽃 아래서 후회하다

멋도 모르고 마신
지난 세월들이
벚꽃비 내리는
봄저녁에 독이 되어
온몸에 퍼진다.

시도 때도 없이
찾아오는 회한에
기억들이 썩고 있다.

하얀 피부
난분분 떨어지는 벚나무 아래서
잔인한 삼월을 뜯고 있다.

어제가 무거웠던 그 남자에겐
봄날인 오늘도 여전히 무겁다.
봄길이 참 길기도 하다.

봄비

봄비가 내리네
가슴이 젖네

당신이 다가오네
가슴이 젖네

비에 젖네
당신에 젖네

봄비가 당신인양
온종일 사랑에 젖네

한밤중의 대화

가을 늦은 밤
당신은 낮고 무겁게 말했다.

당신이 나보다 먼저 떠난다면,
혼자 남은 내 인생은 당신을 떨치지 못한 채
길고 깊은 그리움의 고통으로
죽음 같은 슬픔으로 채워질 것 같아 두려웠는데,

죽도록 당신이 미워지고 보니
이젠 혼자 울지 않고 살아갈 수 있을 것 같아
모르는 채 다가왔을지도 모를
그리움의 고통으로 지낼 일은 이제 없을 것 같아
다행한 점도 있네.

막걸리 몇 잔에 섞어
모든 생각 내놓은 당신은 갑자기
키스하고 싶단다.

아침이 되어 일상으로 돌아와도
하루 종일 머릿속은 비 같은 눈물이 내렸다.

비련의 배우같이
미안하다는 말이 입에서 나올 때면
왠지 눈물이 먼저 앞선다.

소낙비

변비로 며칠째 얼굴 벌겋게 달아오른 하늘
별다른 기별도 없이
바람의 끝자락이 술렁인다.

갑자기
번쩍 합선을 일으키며
하늘이 갈라졌다.

설사다.
결국
참았던,

매미가
온몸을 부르르 떤다.

시원한 바람 한 줄기
급히 가슴을 가로지른다.

석류

봄과 여름
그 화려한 날들
홀로 두꺼운 옷 입고
짐짓 딱딱한 표정

소슬한 가을 어느 날
거친 피부 가르며
속 핏물
온몸 속에 다져 다져
한 번에 펼치는
붉디붉은 차진 보석들
그 속이 극히 진솔하다.

천상
여자다.

내 아내다.

낙엽

핏물 같은 세월에 젖어
불그스레 물든 건조한 얼굴들
차가운 땅 위에 눕는다.
기억이 증발된 내 건조한 얼굴
조용히 그 옆에 눕혀본다.

빛바랜 지금
이승의 지평선에 걸터앉아
석양 따라 가라앉는
그리운 얼굴들 급히 추슬러 보는데
외로움은 언제부터 곁에 있었는지
슬며시 내 어깨에 손을 얹는다.

놀라서
낙엽 한 잎
또, 뚝 떨어진다.

紅葉

할매가 말씀하셨다.
불장난하면 오줌 싼다고
불장난한 그날 밤 정말 오줌을 쌌다.

오늘 새벽에
하늘이 오줌 쌀 줄 알았다.
어제 하늘이 홍엽을 가지고
온 산천, 계곡에서
불장난하는 것 보았거든
그 봐.

할매
이젠 불장난 그만하라고 해줘.

가을 다 저문다.

어느 가을

가을에 수녀님이 죽었다.
같은 가을에 크리스마스 같은 친구가 죽어가고
하나 남은 낙엽이 방금 떨어졌다.

가을비에 튀어오르는
이유 있는 슬픔들.

지금,

가을은 죽어가는 나무 한 그루다.

눈 내리는 밤

깊은 밤 소리 없이 소록소록 쌓이는 것이 흰눈 뿐일까 가는 바람에도 흩날리며 사뿐히 쌓이는 게 흰눈 뿐일까 바라보면서도 알지 못하게 쌓이는 게 어디 흰눈 뿐일까 긴 세월 마주 보며 서로가 서로에게 새긴 붉은 혈흔들 깊은 밤 눈처럼 가슴에 쌓여 당신 아니면 나의 흔적은 어디에서 찾을까 아는지 모르는지 또다시 눈은 밤새워 서로의 가슴에 쌓이네

6

옛집

식구들이 살았던 옛집 앞 골목이 막혔다.
가슴이 막히고, 숨구멍이 막히자
검은 구름 사이 한 줄 흰 기억이 내려온다.

중학교 시절
어느 비 오는 날
한 편의 순정영화를 보기 위해
아버지 서가의 현대문학 한 권
헌책방에 팔았다.

지금 무너지는 이 빈집 속에
나의 철없던 어린 시절이
질식하고 있다.

고향에 대하여

순간이었다.
잠시 어수선하고, 시끌벅적하더니
분명 아침밥 먹고 나선 집이
저녁에 없어져 버렸다.
정신이 끈 풀린 풍선 되어
이리저리 날아다닌다.

솜털처럼 따뜻했던 봄날의 추억도
堂上木 뿌리도 모두 파헤쳐지고
생뚱맞은 영남물류단지란 이름으로
아직 숨 쉬는 마을을 단단한 시멘트로
생매장시켜 버렸다.

경상북도 하고도 칠곡군
칠곡군 하고도 연화동
연화동 하고도 안 디올, 바깥 디올.
가슴 한가운데 차가운 비석 하나
날이 갈수록 쑥쑥 자란다.

마침표

바람들도 제 집으로 돌아가는 시간
달팽이 같은 내 집은
속절없이 무너져 내리고,

한 줄기 바람,
한나절 꿈 같은 그런 것

남은 것은
그대 기억 속에 계속 분열하는 암,
너절한 나의 지난 세월 몇 조각 사라지면
당신 기억 속의 나도 함께 떠나려나.

외로움조차 허락되지 않는
완벽한 고독,
이젠 아버지 곁에 누울 시간인가 보다.

마침표는 단순한
가장 검고 무거운 기호.

耳鳴 같은

귓속의 작디 작은 돌 하나
耳石
耳石의 반란엔
예고가 없고 협상도 없다.
어지러움이 구토를 부를 때쯤
거대한 땅덩어리가 벌떡 일어서고
몸뚱어리는 꼬꾸라진다.

아내의 가슴에는
耳石 보다 무거운 心石이 있다.
자리를 이탈하면 주체할 수 없는
메스꺼움에 상한 언어들이
왈칵왈칵 목을 넘어
터져 나온다.

예고도 없이 쏟아져
추스를 틈도 없이 흩어진 낱말들
하나, 하나 주우며

내가 만든 아내의 심석.

어지러움 가라앉을 때까지
조용히 엎드려
숨죽인다.

엄마의 세상

어느 날 갑자기
당신은 지난 세월 대부분을
홀라당, 엿 바꿔 잡수셨다.

매일 낡은 축음기 같은 목소리로
열여섯 살 적 외갓집 골목길 걸어 나와
커다란 세월의 수족관 속 헤엄쳐 다니신다.

"네가 여기 웬일이냐. 이게 꿈이냐 생시냐. 언제 올 시간 있더냐?"
웃으시는 눈동자가 묻는다.
"안면은 있는데 뉘시요?"

눈 깜박임도 없이 뚫어져라 천정만 쳐다보신다.
먼저 떠나신 아버지가 병실 천정에 계시는 모양이다.

기도하지 않으리

온종일 파헤친
욕망의 우물이 깊어질수록
기도가 길어졌네.

해 저문 이 시간
캄캄한 방 구석에서
홀로 천둥소리를 들으며
두려움에 기도하였네.

기도가 깊어 갈수록
낙엽이 떨어지는 시간만 길어짐을
이젠 알았네.

해 저물어 날 부르는
어머니의 목소리 골목 가득한데
삭아가는 어머니의 슬픈 젖무덤이
나의 마지막 기도였네.

마지막 대화

아버지의 적막한 눈망울 속에서
나를 만난다.
아버지는 내 눈 속의 당신을 보고 계신다.

서로가 서로의 속에 있다.

잘게 힘없이 떨어지는 눈물 한 방울
그 속이 얼마나 무거운지
이야기할 수 있는 것이 아님을

소리 없이 눈을 감고 힘겹게 밀어내신
마지막 눈물 한 방울로
모든 것을 말씀하셨다.

마지막 노래

마지막 노래는 온몸으로 불러도 소리가 나지 않는다. 소리가 나면 마지막 노래가 아니다. 마지막 노래는 세상 모든 억장 무너지고 가슴이 썩어 버리면 그제야 나오는 무음의 긴 노래. 마지막 노래는 눈동자로 부른다. 소리 없이 깊은 눈빛으로 토해내는 노래다.

생활과 서정의 간격에 대하여

송재학(시인)

송광순의 시집 『詩야, 미안하다』의 촘촘한 힘은 "시야, 미안하다"라는 독백에서 솟아오른다. 그것은 빽빽한 일상과 시인이고픈 감정의 정면 응시이다. 응시 주체들이 낯설고 불편한 게 아니라 서로 미안해하면서 서로 얼른 먼저 가라고 인사하는 접변 현상이다. 그러기에 송광순에게 항상 먼저 간 생활은 시의 얼굴에 대해 "널 사랑하였다 말하긴 계면쩍(「詩야, 미안하다」)"다는 표정을 감추지 못한다. 송광순은 시를 생활에 일치시키지 못한 자의식 때문에 시름을 거듭하고 있다. 과연 시집의 전반부는 그러한 한탄의 누선(淚腺)으로 범람한다. 가끔은 생활과 시가 자웅동체이어도 그 둘은 서로의 기미만 살피고 있다.

몸과 시간을 움켜진 채

머리 속 온통 차가운 논문으로 채우고 있었을 때
쓸쓸한 언어들은 어디를 떠돌고 있었을까.
—「詩야, 미안하다」 부분

일상을 지배하는 '논문'과 '쓸쓸한 언어'들은 따로 놀고 있다. '차가운'과 '쓸쓸한'이라는 어휘를 주목하자면 그것은 자기 세계의 부표이다. 서로라는 말이 담아내는, 서로 간과할 수밖에 없다는 의식의 톱니바퀴 모서리가 만져질 듯 선명하다. 의학 논문의 정교함, 치밀함과 복잡함과 인내심 따위에게 '차가운'을 명명하는 화자의 심정은 시를 쓸쓸함으로 떠밀어버린 일상에 대한 정념이 앞서기 때문이겠다. 그러므로 시인은 항상 처음 시를 쓰던 때의 식욕을 유지하려고 한다.

바다를 바라보니
시가 다가오네.

시는 바다를 바라보는 거다.
아니, 바다 저 너머를 보는 거다.
—「시」 부분

라는 시에 대한 경외감을 여전히, 고스란히, 때로는 안간힘으로 간직하고 있다. 초월적 과잉 없이 바다를 바라보는 순정한 행위 또는 바다 너머를 바라보는 행위란 생활의 내면을 조용히 응시한다는 것이기도 하다. 그것은 늘 생활의 멱살에 사로잡힌 사람의 서원이다. 하지만 그것은 오래전에 형성된 자신의 내면이 아닌가. 그러기에 '詩건방진' 인생이라고 자신을 응시/성찰하는 울림통을 가질 수 있었던 것. 그 응시의 정직한 결과물이 여기 단정하게 새겨져 있다.

내삶의거처가원초적으로미천하였습니다습하고빛한줄기없고공기한숟가락퍼넣기힘드는곳이었습니다벽두껍고높고굳은내처소에서어설픈사고와무지로언어를못살게마구학대한죄를고백합니다시인이피해야하는냄새나는관념과마른명태처럼생명다한교훈과군화소리같은운율을허락도없이막무가내로시에억지스럽게구겨넣은죄고백합니다애시당초제대로배운것없어소화할것도없음에도하혈하듯그냥내뱉은것들을시라고우겨죄송합니다보수적관념과몇가지의편안함과교만과권위로도배된이집에줄곧살아온내가무슨할이야기가있겠습니까벽돌사이에새어나오는마른빛한줄기바람한모금이세상자연의모든것인줄아는소인이세상과인생을이야기하려한것이넌센스임을고백합니다설익고값싼감성과사사로운철학과인생관을허락도없이시에게버무려놓은죄시에게언어에게참시인들에게사과드립니다

—「시, 고백합니다」 전문

자신을 지키며 돌보지 않은 글쓰기이기에 그의 목소리는 이 지점에서 오래 어눌해진다. 이번 시집의 열쇠가 될 「시, 고백합니다」에서 송광순은 자신의 시가 '미천'하고 '습'하고 '굳어'있다고 고백하는 공간의 생성을 주저하지 않는다. 이전 시집에서 보여준 목수의 동력이 작용했을까. 형식도 고해성사처럼 무릎 아래의 낮은 음성이다. '관념'과 '교훈'을 시에 억지스럽게 구겨 넣은 죄도 처절하게 고해한다. 그 모든 잘못을 뉘우친다는 시인의 성사는 무엇을 의미하는 것일까. 왜 띄어쓰기를 죄다 무시하고 행갈이도 없는 산문시를 발표했을까. 아마도 자신의 시가 언어를 마구잡이로 구겨 넣은 상자라는 편견과 죄의식을 드러내기 위한 장치였다고 보여진다. 마찬가지, 언어를 구겨 넣은 상자는 사방이 갇힌 고해성사실의 좁은 방을 연상시킨다.

탄식과 고백이 있다면 그 외연이 있을 것이고 다시 그곳을 지나면 당연하게 시인이 완성하려는 시편이 등장한다. 「나비 같이 얇은」의 미학은 순전히 시인의 지속적인 진정성의 받침이 떠받친 것이 아닌가.

꽃들도 가끔 때늦은 꽃 피우듯
늙어가는 새벽 잠결에
문득 피어오르는 이미지 몇 토막

안은 채 잠을 깬다.

젊어서는 보이지 않던 길,
이젠 잠시 잠시 꿈 속에 보이기도 하다 곧 사라지는
그래서 더욱 안달하는 아침.
순식간에 사라질 안개 같아
우선 몇 단어 급히 적어둔다.
확실한 감금이다.

안심하고
새벽부터 일상의 전투 끝내고,
그리고 저녁
아침의 단어를 다시 꺼내니
이미 모두 상했다.
낯선 암호로 변해 조각 조각 나 있다.
죽은 뇌세포들의 썩는 냄새에
코 끝이 쌔하다.

훨, 훨, 다 날아가버린
영원히 다시 오지 않을
노랑나비들

참 어설픈 채집망이다.
—「나비 같이 얇은」 전문

새벽 잠결에 스쳐 가는 이미지들은 휘발성이 높아서 급히 붙잡지 않으면 금방 사라진다. 시인이라면 으레 경험하는 에스프리의 찰나이다. 종일 그 이미지의 현란함이 뇌리에 있기에 하루는 들뜨기 마련이다. 하지만 그날 저녁 모든 일과를 끝내고 마침내 두근거리며 메모를 들여다보지만, 이미 새벽의 감정은 바래어졌다. 남은 건 상한 이미지일 뿐. 낯선 암호로 변해 화자를 물끄러미 바라보는 이미지에겐 혼란스러운 시선이 있나 보다. 새벽에 도착했던 심금의 이미지들은 모두 '노랑나비'로 변해 사라진 셈이다. 언어가 휘발되는 시간성을 교묘하게 파악했다.

매일 그물을 치고 정성스럽게 손질한다.
몸 속 가장 진한 것들 풀어내어
은밀하게 줄을 친다.
가로로 세로로, 위로 아래로
밤으로 낮으로
매일매일 조금씩

이젠 제법 그럴듯한 넓은 그물
자세히 들여다보니 휑하니 넓은
그물 속에 갇힌 것은 한 평생,

그물 한 구석 조차 떠나지 못한
거미 그 놈.
—「거미」 부분

자신을 겁박하는 일상과 일상을 옥죄이는 자신 모두가 절지동물의 운명을 벗어나지 못한다. 일상을 관찰하면서 일상의 섬세함을 포획하여야 하는 거미류의 시인은 오히려 거미줄에 갇힌다. 따라서 왜 거미인가,라는 것은 왜 시를 쓰는가라는 질문과 답변을 동시에 담고 있다. 이를테면 "부패를 발효라 우기는(「자화상」)" 시인의 번뇌가 지주(踟蹰)의 상상력을 만들어낸 것이다. 그 일상 속에서 정화의 개념으로 서정시의 발화를 시작하는 것은 이미 오래전부터 반복된 분명한 시론이다.

서정시에서 발화의 기본 전제는 타자를 배제한 풍경 또는 대상과의 합일이다. 그 합일은 부연하자면 당연히 갈등을 통해 세계와의 불화와 친화의 단계를 겪는다. 이를테면 다음 시에서 시인이 어떤 회로를 거쳐 대상을 바라보는지는 갈등과 친화가 어떻게 시의 몸을 얻는가를 보여주는 중요한 문제이다.

섬진강 청매화 보러 갔다가

차마 떠나지 못한 겨울 자락 만나
밤새 쌍산재 경암당 바람 소리에 떨고
황급히 돌아온 지 수일 지나
그제서야 섬진강 꽃봉오리 쓰려온다.

올 봄에도
내 입술 자락엔 맑은 水泡꽃이 피었다.
청매실 마을 매화와 산동면 산수유가
내 입술에 먼저 폈다
물집 가라앉고 사흘 만에
섬진강 꽃들 다 졌다.

매년 봄이 되면
제일 먼저 내 입술에 꽃이 핀다.
—「매화꽃은 내 입술에 피고」 전문

섬진강 청매화의 개화 날짜를 맞추어 꽃을 관상하기는 쉽지 않다. 매화꽃을 보러 갔지만, 꽃을 보지 못했던 화자에게 개화하지 못한 꽃봉오리는 화자의 심리 속에서 수일 지나 기어이 저 혼자 꽃을 피운다. 그것이 현실의 꽃과 다를 게 무어람. 게다가 이후 봄마다 매화와 산수유꽃들이 시인의 입술에서 물집의 형식을 빌려 꽃을 피운다. 이 경우 꽃은 시인에게 상처이면서 환해지는 대상의 전부이면서, 또한 "몇 장 남지 않은 봄이라는 지폐(「봄, 봄」)"인 봄의 비밀이다. 꽃과 계절이라는 풍경과 대상과의 일치이다. 풍경과 대상은 시인이 경험하면서 시인의 심리 속에서 대립하고 갈등하면서 시인과 일치가 된다. 이를테면 강을 형상화한 구절 "가라앉혀/흐르지 못하게 할 수 없기에/차마 마주서기 두려웠다.(「섬진강」)"는 이미지는 시인의 사유 속으로 이미 복사 전송된 이미지이다. 이미지들은 끊임없이 변화 갈등한다. 선형의 시간이 아니라 순환의 시간성을 가지고 융화라는 서정적 세계를 생성시킨다. 그러기에 낯선 것들, 혹은 잠재성과 반복 대항하면서 마침내 익숙해지는 세계가 드러난다. 예를 들어

> 잎이 먼저 떠나며
> 네 눈 속으로 밀어 넣은
> 붉은 애잔함만으로도
> 너는 꽃이 되지 않았나.
>
> 선운사 뜰에
> 그 답들
> 붉게 흐드러져 있다.
>
> —「상사화」 부분

라는 구절에서 꽃이 아닌 그 무엇이라도 꽃으로 개화할 수 있는 비밀에 접근한 것을 읽어낼 수 있다. 꽃의 외양이 아니라 꽃의 잠재적 내면이 중요해지는 의미가 여기에 있다. 따라서 송광순의 시 속에서 어떤 형식과 내용을 가지고서도 꽃은 필 수 있다. 그러기에 송광순은 시선에 주목하면서 시선이 피우는 개화라는 상상력을 탐구한다.

> 서울시청 지하철 역에 서서 두 겹의 스크린도어와 철길을 가로질러 처음 만난 시선들끼리 서로 부딪힌다. 빤히 마주 보지만 반대로 떠날 것이기에 서로 부담 없다. 전혀 애닯지 않다. 너와 나 모두 이런 공기에 익숙하다. 무의미의 건조함과 가벼움이 오히려 경쾌하기까지 하다. 전동차가 지나가며 만든 바람에 초점 없는 시선의 무의미는 다시 확인되고 건너편 플랫폼은 이미 비었다. 이별이 전혀 애닯지 않는 것이 애달프다.
>
> —「낯선 시선」 전문

서로 모르는 자의 낯설지만 편안한 시선은 꽃의 비밀과 덧대어 있다. 이 공간은 "그물 한 구석 조차 떠나지 못한/거미(「거미」)"의 상대성이자 건너편이다. 일상이면서 일상의 얼룩이나 억압이 없는 공간을 시인은 오히려 일상의 얼룩과 억압 속에서 건져낸다. 그리하여 시인이

'낯선 시선' 너머 '마지막 노래'에 대하여 필사할 때 필연적으로 표정은 담담하지만, 목소리는 붉게 상기되어 있다.

> 마지막 노래는 온몸으로 불러도 소리가 나지 않는다. 소리가 나면 마지막 노래가 아니다. 마지막 노래는 세상 모든 억장 무너지고 가슴이 썩어 버리면 그제야 나오는 무음의 긴 노래. 마지막 노래는 눈동자로 부른다. 소리 없이 깊은 눈빛으로 토해내는 노래다.
>
> —「마지막 노래」 전문

소리를 내는 것이 아니라 소리를 묻어버리는 행로는 쉬운 길이 아닐 터. 모든 풍경과 모든 사람에 입사하여, 왜 마지막 노래인가는 마지막 노래가 왜 소리가 나지 않는가라는 이유와 닮은꼴이다. "세상 모든 억장 무너지고 가슴이 썩어 버리면 그제야 나오는 무음의 긴 노래"이므로 그것은 눈동자/시선으로 불러야 하는 기막힌 노래이다. 소리를 내려야 소리를 낼 수 없는, 혹은 소리가 너무 크면 소리가 사라지므로 소리가 없는 노래, 애달프지 않은 이별, 꽃이 되지 않는 애잔함 등 정동의 이질적인 경험들이 송광순이 응답한 서정의 고유성이다.

만인시인선 65
詩야, 미안하다

초판 인쇄 2018년 5월 10일
초판 발행 2018년 5월 15일

지은이 / 송 광 순
펴낸이 / 박 진 환

펴낸 곳 / 만인사
출판등록 / 1996년 4월 20일 제03-01-306호
주소 / 41960 대구광역시 중구 명륜로 116
전화 / (053)422-0550
팩스 / (053)426-9543
전자우편 / maninsa@hanmail.net
홈페이지 / www.maninsa.co.kr

ⓒ 송광순, 2018

ISBN 978-89-6349-119-6 03810

값 9,000원

* 이 책의 내용의 전부나 일부를 사용하려면 반드시 저작권자나 만인사 양측의 동의를 받아야 합니다.

* 이 도서의 국립중앙도서관 출판시도서목록(CIP)은 서지정보유통지원시스템 홈페이지(http://seoji.nl.go.kr)와 국가자료공동목록시스템(http://www.nl.go.kr/kolisnet)에서 이용하실 수 있습니다(CIP제어번호 : CIP2018012929).

만/인/시/인/선

1. **이하석** 시집 | 高靈을 그리다
2. **박주일** 시집 | 물빛, 그 영원
3. **이동순** 시집 | 기차는 달린다
4. **박진형** 시집 | 풀밭의 담론
5. **이정환** 시집 | 원에 관하여
6. **김선굉** 시집 | 철학하는 엘리베이터
7. **박기섭** 시집 | 하늘에 밑줄이나 긋고
8. **오늘의 시 동인** | 「오늘의 시」 자선집
9. **권국명** 시집 | 으능나무 금빛 몸
10. **문무학** 시집 | 풀을 읽다
11. **황명자** 시집 | 귀단지
12. **조두섭** 시집 | 망치로 고요를 펴다
13. **윤희수** 시집 | 풍경의 틈
14. **장하빈** 시집 | 비, 혹은 얼룩말
15. **이종문** 시집 | 봄날도 환한 봄날
16. **박상옥** 시집 | 허전한 인사
17. **박진형** 시집 | 너를 숨쉰다
18. **정유정** 시집 | 보석을 사면 캄캄해진다
19. **송진환** 시집 | 조롱당하다
20. **권국명** 시집 | 초록 교신
21. **김기연** 시집 | 소리에 젖다
22. **송광순** 시집 | 나는 목수다
23. **김세진** 시집 | 점자블록
24. **박상봉** 시집 | 카페 물땡땡
25. **조행자** 시집 | 지금은 3시
26. **박기섭** 시집 | 엮음 愁心歌
27. **제이슨** 시집 | 테이블 전쟁
28. **김현옥** 시집 | 언더그라운드
29. **노태맹** 시집 | 푸른 염소를 부르다
30. **이하석 외** | 오리 시집